Poemas de un corazón desnudo

Poemas de un corazón desnudo

YSEL RODRIGUEZ

Para realizar pedidos de este libro, contacte con:
Palibrio LLC
1663 Liberty Drive
Suite 200
Bloomington, IN 47403
Gratis desde EE. UU. al 877.407.5847
Gratis desde México al 01.800.288.2243
Gratis desde España al 900.866.949
Desde otro país al +1.812.671.9757
Fax: 01.812.355.1576
ventas@palibrio.com
472199

ÍNDICE

INTRODUCCIÓN

Pasa el tiempo arrasando todo a su paso, los días, los años, la vida y solo nos queda el recuerdo de lo que hemos hecho; pero cuando por algún motivo nos cohibimos de compartir ciertas experiencias con otras personas, estamos dejando de disfrutar a plenitud nuestro trabajo. Por eso hoy decido soltar mis poemas al viento, quizás allá fuera, pudieran haber miles de personas esperando hallar algún consuelo, quizás alguna enseñanza, tal vez en ocasiones una verdad que no queremos ver o simplemente deleitarnos con un intenso poema de amor, o de familia. Aquí les muestro de todo, de todo lo que sale de mi alma y espero lleguen a sentirlos tan profundo como yo, cada vez que los leo.

MAGIA DE UNA NOCHE

Brilla la luna en el lago tranquilo,
fría la noche, que me encuentro contigo,
brillan tus ojos, negro azabache prendido,
dulces tus labios, sonríen conmigo.

Magia divina se entrelaza en mi pelo,
corro a tu encuentro, que de deseos yo muero,
siento que el viento mueve todo mi cuerpo;
pero no siento mi cuerpo, solo latidos yo llevo.

Sonríe la luna, el lago tranquilo la espera,
se calienta la noche, salió a mirar otra estrella,
cisnes blancos rodean, la melodía que es bella,
y bailamos juntos, muy juntos,
al compás del amor, y una vela.

ELIXIR DE AMOR

Como un lince,
su mirada brava,
pasa y cautiva,
a una rosa callada.

¿Qué me está pasando?
Pensaba angustiada,
salta mi pecho,
me siento asustada.

Sudan mis manos,
mis labios ríen si pasa.
¿Qué me está pasando?
Me siento asustada.

Corriente que sube
a mis hombros,
mueve mis pétalos
Como alas.
¿Qué me está pasando?
Y sigo asustada.

Fragancia y mareos,
como pompas volando,
es elixir de amor,
y los está embriagando.

Ya todos lo saben
y se están contagiando,
atrevidos deseos,
a los dos, provocando.

Fuerte el lince,
contonea su paso,
débil la rosa,
reposa en su ocaso.

Ya sé lo que tengo,
(Susurra entre llamas)
Sus vibraciones me llegan,
y ardo de ganas.

PERDÓNAME DIOS MÍO

Bastó solo una noche,
para sentirme tu esposa,
sin traje,
sin velo,
sin rosa,
sin corceles
que halen el coche.

Mis deseos,
coronan mi frente,
tus caricias,
visten mi cuerpo,
esa estrella es el cura,
!Que suerte!
La mejor de las novias me siento.

Una fiesta
de hermosos deseos,
hoy tenemos
tu y yo en el campo,
valió la pena soñar con tanto,
hoy te disfruto,
mañana: habrán llantos.

Nunca he querido
tomar lo que no es mío,
sinceramente es un lío,
que atormenta mi mente.

Pero el deseo es tan fuerte,
que me ha hecho pecar de frente.

Perdóname… Perdóname,
¡DIOS MIO!
Pero soy débil
y mortal,
es que con él he perdido,
el balance entre el bien
Y el mal.

MALDITA MENTIRA

Grita mi corazón roto,
lo oyen
las nubes del cielo,
te alejas
y a solas yo lloro,
te ruego me escuches,
te imploro.

Volé tan alto por tí,
que algunos
mostraron enojo,
tanta dicha
contigo sentí,
quizás por eso
me duró tan poco.

Hoy descubro
que soñar no es malo,
y que estarás conmigo
donde nadie nos vea,
que fuerte a sido
para mí esta marea,
nunca pensé
sentir tanto daño.

Tu dureza lastima mi alma,
que a tu lado
se sentía reina,
si no encuentras
lo que andas buscando,
ven aquí,
yo te estoy esperando.

Y a tí:
¡Maldita mentira!
Que hoy disfrutas mi desdicha,
nunca sabrás
lo que es la dicha,
de amar a un hombre
con encantos,
y aun yo, ahogada en llantos,
y sintiendo haberlo perdido,
le doy gracias a Dios,
por haberlo conocido.

CORAZÓN

No quiero
ni pensar;
pero pienso,
no quisiera sentir;
pero siento.

No sé que decir;
pero algo anda mal en el viento,
si pasas, aunque lejos,
no veo..,
presiento.

No me ves
y te busco,
no me esperas
y te encuentro.

No sé como llego,
ni tú crees
si te cuento,
algún ángel sin dueño,
guió mis pasos en esto.

Y así te encontré,
disfrutando en brazos de otra,
sorprendido
y confuso te portas;
presientes tu inminente derrota.

Olvidarte
esta vez yo juré,
ni una más
yo te aguanto
pensé,
ya de mí
no mereces perdón,
ya perdiste tu encanto,
CORAZÓN.

POR UN BESO TUYO

Por un beso tuyo,
soy capáz de amigar,
al sueño y al desvelo,
robarle al azulejo,
su más contento trinar,
caminar descalza hasta el altar,
pedirle perdón al consejo.

Consejo que no quiero,
ni veo,
porque de oírlo,
se ahuyenta el pecar,
y es que de solo pensar,
que hoy me pudieras besar,
se me unen la tierra y el cielo.

Por un beso tuyo,
siento que puedo volar,
siento que puedo engendrar,
sin que el amor me roce,
porque siento más de mil goces,
porque tu aliento me agita el pensar,
mando al cielo infinito voces,
y mansa en mi regazo, espero un toque,
de tus labios, solo me queda esperar.

Por un beso tuyo,
Duermo; pero no duermo,
solo me queda esperar.

ABUSADORA PASIÓN

Oh pasión abusadora,
que hoy doblegas
a mi amor,
¿Qué te hace este señor?
Si por tí
mi alma llora.

Encerrada estoy contigo,
en esta cárcel
de amor,
aun sintiendo dolor,
vivo por tí
como un castigo.

Esta sed que en mi tu calmas,
es mi horrible perdición,
yo me enciendo
y tú me apagas,
quiero salirme
y me miento yo,
confiada estás conmigo,
¡Oh! Abusadora pasión.

DELIRIO

Como todos nuestros Domingos,
hoy vengo a la orilla del mar,
muy sola a recordar,
lo que ayer muy juntos vivimos.

El horizonte se lleva al sol,
como te llevó a tí aquel día,
no sabía que llevaría,
tan profundo éste dolor.

Sufriendo hoy por tu amor,
se apoderan de mi los delirios,
¡fuera yá!..
Que se vaya el martirio,
estoy agotada,
y pierdo el control.

De nadie me escondo,
porque la noche es mía…

Y sintiendo calor,
en la orilla veía,
entre olas bravías,
y el negro horizonte
profundo,
que eras tú el que
Venía,
caminando, muy orondo.

Oigo tu voz y corro a tu encuentro,
Aprietas mi mano y siento el control,
no me resisto y al deseo me entrego,
me acuesto en la arena y pierdo el pudor.

MUJER

Te he mandado a buscar,
porque pronto termina mi sueño
y quiero irme siendo el dueño,
de un beso tuyo sin pensar,
que jamás me pudistes amar,
porque de otro, fue tu empeño.

Acércate un poco mujer,
que ya me fallan las fuerzas,
no llores.. Tu mereces rosas, Laureles,
augurio alabanzas a las mujeres fieles.

Mujer, sigues hermosa,
como cuando te conocí,
y pensar que por ti aprendí,
a amar en silencio una Diosa.

Pero la vida fue así,
él tuvo más suerte que yo,
y sé también que te falló,
sin pensar que como tú no hay otra.

Muchas veces intenté odiarte,
por no sentirme elegido,
pero el amor no conoce al odio,
y del rencor se encargo el olvido.

Mujer, tu sufriendo por él,
y yo acomodando sentimientos fríos,
hasta que llegó el final,
de mi camino vacío.

No llores mujer,
por favor, no llores,
que tus lagrimas me lastiman,
como al inocente condenan,
vivir para amar a una ajena,
morir para velar por su pena.

Aprieta mi mano mujer,
que aun necesito decirte,
cuando tu decidas irte,
yo todo dispondré.

Flores rojas sembraré,
en todas las nubes del cielo,
las estrellas tejeré,
formando un arco bonito,
y serán los angelitos,
los que escriban tu nombre,
y al lado el de este hombre,
que te espera en el infinito.

Y no vayas a sentir temor,
que allá frente al señor,
te juraré amor eterno,
hoy aquí termina mi sueño;
pero no mis ganas de verte,
mandé delante, tú imagen presente,
con la luz del arcoíris,
mandé a preguntarle a Osiris,
virgencita de lo imposible,
si hay brebaje posible,
que alivie el dolor de mi espera,
esta es la única cadena,
que arrastro como si fuera,
el amuleto que me cambie mi suerte.

Ya siento que no puedo verte,
aprieta mi mano otra vez,
y para no comprometerte,
¿Podrías besar mi frente, mujer?

SOLEDAD

En tu silueta vacía,
se enmarca el dolor,
intensa sensación,
que a todos persigue por día.

Fiera, voráz y hambrienta,
invades los tiempos fríos,
acechando amoríos,
andas por el mundo sedienta.

Hoy declino en mi dolencia,
más, no acepto tu presencia,
tú me hostigas y no voy a claudicar,
aunque mustia me veas andar,
me arraigo a mi fiereza,
y sé que me voy a levantar.

¿Sigues siendo tú, Soledad?

En tu silueta vacía,
también renace una flor,
buscándote otros van hoy,
necesitan de tí y de tu fantasía.

¿Soledad?

Como una hermosa hermandad,
tú y yo hacemos milagros,
oigo música sonando,
escucho a mi corazón,
mi mente delira creando,
invento un poema de amor.

Soledad…

De odiarte o temerte,
no sé si pensar en quererte,
¿Para dónde osó mi Dios crearte?
Me pregunto en este verso,
eres cóncavo y convexo,
tienes noche, tienes día,
y al que decida tenerte,
de un lado acompañas la muerte,
y del otro a la vida y al Arte.

PECADO

Unos de gozarlo padecen,
otros por concientes, no sienten,
de este morboso placer
que entristece,
cuando lastima a inocentes,
con creces.

Pecador el deseo
que en su mirada palpita:

Le esquivas,
te reclama,
le suplicas,
¡Te llama!

Provocante las ganas,
que a sus placeres incita,
¡Oh! Maldigo esto que siento
y me excita,
¡Oh! Bendigo esto que no quiero,
y me invita.

Un Eclipse de Luna es la cita,
alguien me llama;
pero esta oscuro
y no veo,
y es éste torcido deseo,
que traigo conmigo cautivo,
que a pesar de no ser mi amigo,
¡Corro con el escondido!

LUCHA CONTRA TODO

Entre encuentros y con temor,
ando andando contigo,
empezaste siendo mi amigo,
terminaste robando mi amor.

Estoy tratando con fuerza,
de vencer mi voluntad,
y tú ni cuenta te das,
cuando me hablas con franqueza,
de lo que sientes por esa,
mujer que te trata con maldad,
enamorado completo estás,
te ciega su impresionante belleza.

Espero en Dios
y un día sientas,
ésto que me quema por dentro,
no sé como
ni cuenta te das,
a tus pies sigo
esperando tu encuentro.

No me explico
por qué tu indiferencia,
fortalece mi agonía,
cuando muriendo
de amor ya sentía,
que las fuerzas me fallaban…

Y subí al cielo,
y ahí lloraban,
mil vírgenes sin consuelo,
arrepentidas subieron,
después de quitarse la vida.

No apresures tu partida,
me dijo una sacando un pañuelo,
todas aquí
un día sufrieron,
lo que tú sin valentía.

Regresa con osadía,
y lucha contra todos los vientos,
el amor ha sido
de todos los tiempos,
el motivo de vivir,
despierta y salte de aquí,
hoy no es tu día de venir.

MI CORAZÓN TE PERDONA

Deseos de quitarme la vida,
andan rondando mi mente,
sin tí prefiero la muerte,
sin tí la risa se olvida.

Tu aliento enciende mi alma,
de pensarte, mi corazón palpita,
moribunda mi sombra te grita,
¡Mira atrás!.. Y piensa con calma.

No existe el cielo,
sin las nubes blancas,
no se oye el eco,
sin las montañas altas.

Anda y pregunta a tu ego,
que alimento con halagos,
si se quiere ir de mi lado,
a morir de hambre contigo,
anda y pregúntale te digo,
pués morirá por tus pecados.

Si quieres volver te aseguro,
que mi corazón te perdona,
porque mi amor, es más grande que mi orgullo,
porque eres la gloria, y la luz, de mi persona.

DE QUÉ TE QUEJAS

De qué te quejas mujer,
preciosa mi furia loca,
te atormentas,
pesares tocas,
ruges al viento,
y a la piedad provocas.

De qué te quejas mujer,
preciosa mi furia loca,
te asustas,
palpitas,
y es sombra.

Como espuma que toca,
la suavidad de la piedra,
vaya trágica ironía,
pensar que buscamos hiedra,
cuando en una sintonía,
cualquier precaución es poca.

De qué te quejas mujer,
preciosa mi furia loca,
si contigo se invocan,
los huracanes de inviernos,
flamea el deseo contento,
hierve mi sangre en el viento,
mis sueños ya tienen dueña,
y tierno descansa el tormento.

¿De qué te quejas mujer?

A ELLA

Enloquecida la brisa toca,
su cabellera suelta,
el viento la goza y la goza,
besando su cuerpo… es preciosa.

Ella es mujer del monte,
novia del aroma del café,
del guajiro, de la clave,
y de aquel…, que sale por el horizonte.

Con su virtual madurez,
enamora a todo el que pasa,
sea extranjero o de casa,
siempre la miran con interés.

No existe pintor juicioso,
que la deje fuera de sus linos,
adornan con ella las fotos,
concluyen paisajes divinos.

Ella es la musa del campo,
que con particular estilo,
posa al viento con finos,
desnudos y sin pudor,
emborracha al cantor,
que aun no encuentra el camino,
más sensuales se oyen los trinos,
el rocío se vuelve calor.

Quizás no sea bonito,
que así yo hable esta vez,
mal pensado, ¿Qué crees?
Fácil, enseguida te explico:

Es de la palma cubana,
que le comento al cieguito,
estoy tan entusiasmada,
que le he contado de a poquito,
de esta belleza creada,
por mi Diosito bendito.

NO SÉ CÓMO

El anhelo de mis ansias por tí,
aun siguen presente,
te respiro en el sueño más leve,
te siento en la brisa felíz,
que jugando entre las corrientes del viento,
me golpea y te dibuja ante mí.

Ayer fuí a preguntarle al mar quieto,
si te has ido a bañar donde él,
y entre olas tu silueta me dejó ver,
enloquecí de tenerte en un vuelo.

Como un potro salvaje sin freno,
corrí detrás de la intrigante sombra,
que burlona carcajeaba incesante,
escondida por el heno.

Lamentos de un sigílio,
llegan a mi mente extasiada,
que dormida en tu recuerdo,
insiste en seguir embriagada.

Malabares de caricias,
hoy te envuelven en lo ajeno,
mas, caudillo de tu ingenio,
quedé atrapado en tus malicias.

No sé cómo llamar este idilio,
que aun en lo oscuro persiste en vivir,
no sé cómo consigo seguir,
amando sin razón ni sentido.

QUE PAREN LAS CAMPANAS

Repican las campanas,
ya están todos en la iglesia,
firmando estás mí sentencia,
muriendo mis esperanzas.

Como nube pasajera,
me fuí yo ayer de su vida,
salvajemente traicionera,
sin importarme su amor,
cometí mi más grande error,
sufriendo estoy arrepentida.

Virgencita te suplico,
me des fuerza para aguantar,
porque ver a mi hombre llevar,
otra mujer al altar,
sin haberme perdonado,
es como si me hubieran clavado,
mil puñales sin maldad.

¿Por qué no paras las campanas?
Virgencita te suplico,
que acaben de parar,
siento que voy a estallar,
tengo las papilas secas,
las piernas me flaquean,
mi llanto empieza a brotar,
y no quiero que me vean.

Me voy, me voy con la marea,
que el destino me marcó,
que caro Dios me cobró,
Yo no quiero que me vean.

¡Que paren las campanas!
Virgencita que me voy,
viviré con su recuerdo,
porque ése, ese sí me lo llevo yo.

ESTE ES TU PRECIO

Alejándote de mí,
no vas a poder olvidarme,
tú me ignoras así,
te arrepentirás de dejarme.

Hoy recibo a tu destino,
lastimante y traicionero,
¿Qué daño he hecho yo?
Le pregunto al mundo entero.

¿Serán acaso mis años, la causa de ésta desdicha?
Lo que antes yo tenía de joven dicha,
ya envejeció con el pasar de la vida;
pero mi experiencia cultiva,
mil rosales en invierno,
no estoy lozana
y lo entiendo,
mas, oyendo tu inquietud,
te siento muy confundido,
vas buscando juventud y olvidando todo lo vivido.

El camino libre te dejo,
para que vueles contra el tiempo.

Y dice un Águila contento,
después de vencer un nuevo reto:

Fuerte me siento al momento,
que termino la carrera,
como campeón aun me queda,
el deseo de seguir.

El problema fue al salir,
y mirándose al espejo,
se dió cuenta el muy conejo,
que de águila no podía seguir.

Triste y vergonzoso,
hoy regresas donde mí,
y yo, que partir te ví,
soportando tu desprecio,
te digo, éste es tu precio,
por haberte alejado:

Sigue de águila equivocado,
sin valorar otras cosas,
soy mucha mujer y exitosa,
tu triste perdedor abandonado.

ESPERO

Espero…
Como la hoja en otoño,
que el viento se lleva y rueda,
hasta que mareada ya espera,
que el mismo viento se canse y la deje,
recostada a un tronco y se quede,
agitada pasando el sofoco.

Espero…
Como la Tierra madre espera el día,
en que nazca el río de la montaña,
salto de agua que baña,
entre espuma y melodía,
sacando a la luz del día,
el dolor de sus entrañas.

Espero…
Como el Sol a los corceles,
con bríos y cascabeles,
que traen a la Luna cansada,
de su ronda trabajar,
y dormida en el horizonte se quede,
para salir el Sol a brillar,
y con su calor despertar,
el rojo de los Claveles.

Espero así y me dejes,
tranquila salir a volar,
siento que tu tempestad,
arruina la suavidad de mis alas,
espero y tengas bondad,
como el viento por los Laureles,
espero y te hagas atrás,
sin rencores ni maldad,
para en los mismos corceles
poder yo, salir a soñar.

TEMOR

Temor que me abrazas torturante,
mis manos claudicantes,
esperan el momento de tocarte,
como antes, Magnolia sin igual.

Temor de no tenerte,
lo sé y no maldigo,
y cien grotescas formas,
delinean mi vacío,
en el solitario hastío,
de esperar, y esperar por tí.

Y si aun no llegaras hoy,
amada mía,
juraré al más puro recuerdo,
que vivirás siempre presente,
por tí, y para mí,
porque el temor de perderte,
me hace robarle a tu mente,
el poder de amar tu, a otra gente.

¡Oh! Temor imprudente,
¡Sal de mí!
¡Me desesperas!
¡Me enloqueces!

ORGULLOSA MUJER

Mil rosas recogí,
cientos le he regalado;
pero al fin, no me ha mostrado,
si me quiere para sí.

Enojado estoy con ella,
y siempre busco que sonría,
vanidosa mujer aquella,
sólo espero que sea mía.

En verdad creo que voy,
por el camino del amor,
por dentro siento temor,
ella sonríe, me guiña un ojo,
y cuando la mano le cojo,
me da una vuelta y se va,
dejándome donde estoy,
parado como si ná.

-!Oiga orgullosa mujer!
(Le dice mi amor enloquecido),
Usted nunca ha perdido,
¿De oro un alfiler?

Si sigue jugando a no ver,
de éste hombre sus encantos,
varonil y cortés,
entre tantos,
usteded podría perder,
al mejor de los amores.

PARA TI

Tu frialdad me espanta.
¿O es que mi amor se excede?
Quizás a alguien le falta,
lo que a mi Dios me concede.

Por eso ya muchas veces,
a tí mismo te pregunto:

¿Por qué el prójimo no puede,
responder como se debe,
si de amor a nosotros,
nos llenaste este mundo?

Quizás la luz que te pido,
me hace ver un poco más,
me da pena la envidia,
me deprime la maldad,
a veces pienso que soy débil,
cuando enfrento esta verdad,
y quisiera de la humanidad,
arrancar los sufrimientos.

Son dolores y tormentos,
que lastiman a los demás,
que por falta de humildad,
tienen calientes estos vientos.

Pero tu amor me sostiene
y eso me hace más fuerte,
la fé que en ti tengo
es la fuente,
donde dejo las brisas beber,
y ver agua bendita caer,
que ilumine los pensamientos,
y ante tí se arrodillen al ver,
cuánto daño hace tener,
tanta indolencia
entre los nuestros.

PECADORA

Te amo sobre el pecado burdo,
de un deseo sin escrúpulo,
indiscreto el tiempo pasajero,
con una mirada paré al minutero.

Temblorosa está la pared,
el reloj se siente viejo,
creo y yá tengo sed,
se cayó un lujoso espejo.

Pasó un aventurero,
de esos que creen en maleficios,
vociferando su juicio…
Sordos todos, yo disfrutaba mi vicio.

Es un salvaje deseo,
que trae mi sangre enloquecida,
no tenga miedo a la partida,
y deje llenarme de usted,
regresa a su agua este pez,
y jamás volveré por su vida.

AMOR LOCO

Amor loco que llenas mi alma,
corriente de aire del fresco jardín,
mariposas negras se acercan sin calma,
inquietan mis flores, yo las cuido sin fin.

Temo al llanto
temo al dolor,
temo amar tanto
temo al amor.

Amor loco que llenas mi alma
corriente de aire del fresco jardín,
deja que vuelen, déjalas en calma,
yo cuido mis flores, tu déjalas al fin.

Hinchas mi pecho de verte,
suda mi piel de tocarte,
vuela mi mente de amante,
gozo pensando en amarte.

Amor loco que llenas mi alma,
te tengo en mi lecho, disfruto tu karma,
calientas mi sangre de un roce sentir,
cuida mi idilio… No me hagas sufrir.

SUEÑO DE ADOLESCENTE

Prefiero su silencio,
anhelo su mirada,
sin él,
el vacío es inmenso,
tenerle cerca soñaba.

Muchas veces
le he dicho a mi almohada,
que guarde en silencio
mi sueño,
prohibido,
es el hombre que empeño,
llevar a la luna plateada.

Secreto de noches mojadas,
y de Lirios
que tristes lloraban,
un amor
de ilusiones calladas,
mis deseos
de frío temblaban.

Triste sueño de adolescente,
alejarme de él es mi muerte,
que envidia me dá no tenerle,
enterrar mi placer,
es mi suerte.

PERDÓNAME MI AMOR

Yo sé que la Aurora,
por muy malo que este el tiempo,
baña de tonos contentos,
las tristezas y los pesares.

Llena de oportunidades,
está la Tierra sin dueño,
unos tejen verdades,
otros bordan engaños.

Y yo de malandro en ciudades,
disfrutando de las brisas,
no importaban grises o cobrizas,
para mi eran notas musicales.

Y un día de esos andares,
sentí un vacío profundo,
y como un juego de azahares,
me faltaba tu risa en mi mundo.

Perdóname mi amor,
perdóname…

La traición muere,
cuando la verdad la enfrenta,
y no paro esta tormenta,
sin que me hayas perdonado,
al fin que me he demostrado,
dentro de tantas mujeres,
que no existen pinceles,
colores, ni atardeceres,
que como tu rostro dibuje,
el más sensual de mis placeres.

Perdóname mi amor,
perdóname....

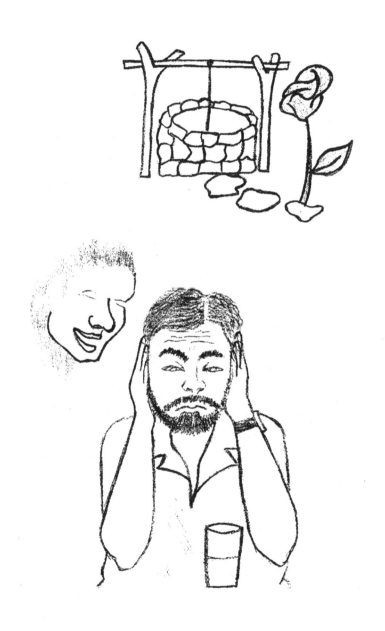

PARA UN NECIO

Ingrata mujer hermosa,
dice un hombre sin consuelo,
te aprovechas de mi desvelo,
y me dejas como cualquier cosa.

Hoy sufriendo por tí,
lloro en todas las esquinas,
crecen flores sin espinas,
dijo el ciego que yo vi.

Con sed de amarte me dejaste,
ingrata mujer hermosa,
llega al pozo otra rosa,
la vé el ciego por las tardes.

Sigue sin consuelo vagando,
derrotado por su angustia,
que tan ciego esta el ciego,
qué tan necia esta su astucia.

SUERTE LOCA

Una rabia incontrolable,
ante el destino
me provoca,
vaya, mi suerte loca
después de pedirle tanto,
conocerte,
mujer hermosa,
perderte,
por mentirosa.

Hoy reclamando perdón,
se encuentra esta bella rosa;
pero mis dotes de varón,
me ciegan
y me sofocan.

Duro golpe
que en mi provoca,
por macho,
un dolor profundo.

Ni modo
que devolverla al mundo,
es lo que ahora me toca,
y lanzar otra moneda,
a ver si la suerte me trae otra.

LA SEÑAL

Dicen que este árbol frondoso,
tiene una sombra bendita,
que mitiga un dolor grandioso,
y a la esperanza muerta resucita.

No llegaste nunca a la cita,
y esperando por tí me quedé,
hoy soy presa de la angustia,
¿Quisiera saber por qué?

Es verdad que el agua del río,
nunca regresa hacia atrás,
y el tiempo,
si te fijas, verás,
no se para,
ni aunque lo castigue el hastío.

Quizás seas un buen hombre;
pero un pésimo amante,
sin alma ni corazón,
me ilusionaste sin razón,
me engañaste sin piedad,
no imaginé tanta maldad,
se siente feo,
y es muy duro.

Buscando respuesta,
a tu desprecio me encuentro;
pero llegó justo el momento,
de darme yo misma valor.

-Señor árbol,
¿Me oye señor?

He venido
a aliviar mi tristeza,
me han dicho con clara certeza,
que su sombra deshace el dolor.

- Afiánzate a mi corteza,
(dice el árbol dulcemente)
De aquí te irás libremente,
confía en mi naturaleza.

¿Por qué atormentas tu cabeza,
con esa sombra pasajera?
Que no te dé mas flojera,
y levanta bien alto tu frente,
éste tropiezo es un puente,
del otro lado está esta señal:

"CUANDO RECIBIMOS UN MAL,
SIN HABERLO MERECIDO,
ALGO MEJOR ESTÁ POR LLEGAR"

SOÑAR DESPIERTA

Aunque otro hombre tocase mi piel,
contigo siento muy diferente,
ya sueño despierta, si fiel,
te entregas a mí solamente.

¡Cuidado puñal traidor!
No intentes partir este pecho,
no prediques,
tu maldad no es amor,
conocerlo,
te lleva buen trecho.

¡Cuidado puñal traidor!
Y termines llorando tu herida,
¡Mentira!
El deseo no es amor,
no confundas,
es la Ley de la vida.

Aunque otro tocase mi piel,
contigo siento muy diferente,
ya sueño despierta, si fiel,
te entregaras a mí solamente.

INVITACIÓN AL BAILE

La música me invita,
y no lo puedo evitar…

Mi corazón acelerado palpita,
y no lo puedo parar,
es una sensación bendita,
que mi piel eriza,
me saca las lágrimas, la risa,
y empiezo a disfrutar.

La música me invita,
y no lo puedo evitar…

Según percibo el sonido,
sale mi mente a volar,
y es que empiezo a temblar,
cuando a tu lado me arrimo,
muevo mi cuerpo con ritmos,
bien sensuales al buscarte,
necesito provocarte,
juego de mis hormonas dignos.

La música me invita,
y no lo puedo evitar…

Siento que me empiezo a mojar,
de una lluvia de miel,
que se desliza en mi piel,
y contigo empiezo a bailar.

La música me invita,
y no lo puedo evitar…

INDOMABLE

Soberbia de tanta belleza,
y ciega de tus dones,
engañando corazones,
vas camino a la tristeza.

Indomable tu fiereza,
rueda como el más fuerte río,
que nadie para su brío,
hasta que el mar aparezca.

Ya no sé si te amo,
ya no sé si te odio,
de querer ser tu novio,
sufriendo siempre me has tenido;
pero ya no soy un muchacho,
y no me voy a dar por vencido.

Con viril inteligencia,
te vestiré de ignorancia,
ya verás con que paciencia,
voy a despertarte las ansias.

Y será tu arrogancia,
la que me busque esta vez,
por Dios te juro que sé,
los valores que él me ha dado,
del amor al odio no hay distancia,
que haya dejado al olvido ajustado,
ésta fiera y su elegancia,
vendrán rendidas a mis pies,
y con un látigo de flores, sabré,
domar su corazón agitado.

CÓMPLICE

Sabia es la luna
que su turno espera,
a oscuras y callada,
mirándolo todo se queda.

Entre mi sueño
contigo jugaba,
cuando rozando tus labios,
mi boca jugosa quedaba.

Y tú, rebosante de bríos,
como bestia salvaje mostrabas,
tus dotes de amantes a los míos,
que de amor,
aun se encuentran vacíos,
esperando los llenes con ganas.

Hoy olvido
la clave del día,
para que la noche
me sea más larga,
lleve el viento
la ropa mía,
me moje el sereno,
antes que despierte el alba.

Cuánto agradezco
tu divina astucia,
cómplice mía diría,
en mis noches
de amores,
y de orgías.

SECUESTRO

Hoy secuestré a la luna,
para arrancarle un secreto,
aunque se quede el soneto,
sin rima y sin fortuna.

Llorando están de amargura,
Los más fieles enamorados,
no vió ella a la Tuna,
que su vestido ha rasgado.

Cerrado también ha quedado,
el portón de la iglesia,
y es que el gallo no ha cantado,
por la inminente tristeza.

Del monte verde lejano,
se quejan la Palma y el Almiquí,
porque las noches de allí,
perdieron el eco de antaño.

Dicen que hay cientos de fieles,
rezando para que aparezca,
la Luna y así florezcan,
los Jazmines y los Laureles.

Sentado aquí te pregunto,
por qué se fue de mi lado,
si con besos mojados,
sellamos un amor secreto.

Dime por favor,
¿No ves que estoy desesperado?
¿Será que fuí un tonto engañado,
por una ventísca de amor?

Mirándote estoy,
y creo entender tu silencio,
aunque la vieras con otro,
besándose hoy,
será un secreto más,
de los que guardas con celos,
nunca decirme podrás,
tus compromisos son serios.

Arrepentido estoy,
y arrastro mi enorme torpeza,
te devuelvo a la naturaleza,
que las noches sin tí no son nada,
sin más me pongo de pie,
sacando de adentro más fuerza,
pido perdón a su alteza,
caminando, solo me voy.

NO VOY A LLORAR

Viento,
marea,
terremoto,
volcán.
Esta vez, no voy a llorar.

Gozan,
ríen,
prometes…
Están.
Esta vez, no voy a llorar.

Calló la tarde y se van,
mil gaviotas sin destino,
el azúl verde del mar,
en la noche se queda perdido.

Así se me irá tu recuerdo,
aligerando mi pena,
pero, recuerda que tu mitad,
esta justo y por voluntad,
hecha por Dios a mi medida.

Te arrastras al gozo sin piedad,
mordiendo cada vez más manzanas,
vamos a ver tu capacidad,
cuando yo calme la sed de mis ganas.

Pronto sabrás que es llevar,
el dolor de un corazón roto,
y te tendrás que aguantar,
porque ya me decidí,
a entregarme en brazos de otro.

Lo siento mucho por tí;
pero esta vez… No voy a llorar.

YO

Yo soy luz en la oscuridad,
yo soy el grito del silencio,
yo soy un puño de bondad,
yo soy un ángel,
yo soy el viento.

Yo voy y vengo a donde quieran,
yo voy trayendo la verdad,
yo voy haciendo realidad,
yo voy y vengo,
aunque no quieran.

Escribo por otros y sigo,
escribo para que el mundo escuche,
escribo también por mí,
y les digo:
Escribo para que liberen la noche.

CELOS

¿Por qué la ira nos da ceguera?
¿Por qué atormentarnos de esa manera?

Cuando de amor se trata el tema,
oír te seda,
y mientras tú esperas,
creyendo que el mundo
para tí acabo,
con una simple razón cayo,
tu adversario,
tu loquera.

Oh, locura que mi paz inquietas,
a tí te suplico,
si para bien intentas,
regresar conmigo,
cuando las dudas me atormentan...

Desviste tu rabia,
y que de amor se envuelva,
que se haga la luz,
si tus ojos no encuentran,
el camino seguro,
entre mis celos con sendas,
oscuras y malditas
que a mi pasión le inventas,
cuando sedienta de amor,
deliro en su ausencia.

FLORES, BRISAS, PASEOS

No fué a primera vista,
que nacieron mis amoreos,
fueron flores, brisas, paseos,
los que conquistaron mi risa,
y tu constante malicia,
de robarme mis deseos,
fué tu bendito trofeo,
me llenaste de ardiente codicia.

Así pasaron los días,
cuando una noche recuerdo,
ya yo tenerle quería;
pero ni yo ni él se atrevía,
a dar el paso primero.

Y fué aquella melodía,
la que rompió con la inercia,
tomé su mano a conciencia,
sin esperar una respuesta u otra,
ceñí mi cuerpo a su ropa,
y uní mis labios a su boca.

Poco tiempo duró el noviazgo,
y cuando menos pensé,
arreglándolo todo encontré,
al impaciente novio comprando,
anillos de compromiso,
y mirando, ante todo su interés,
me dejé llevar y cuando menos pensé,
ya yo me estaba casando.

MENTIROSO

Tiemblan las nubes,
cambio a verde el color del cielo,
no brilla la Luna,
no sale el Sol a lo lejos.

Seco quedó el arroyuelo,
el río madre está ajeno,
avergonzado el tiempo viejo,
se hace a un lado para que pase el nuevo.

Fría esta la noche,
solitaria la acera,
camino yo, como si fuera,
la nota de un violín que se oyera.

Y sigo deambulando,
tal como si viera,
la luz de una estrella,
esperando por mí en la pradera.

El dolor me frena y me paro,
de vez en cuando suspiro,
por más que camino y camino,
aun no se cuál es mi destino.

Víctima de un villano,
ha quedado mi amor sin consuelo,
que prometiéndome el cielo,
dejó mi mano sangrando.

Fué una rosa de mentira,
la que hincó mi verdad,
yo ternura y bondad,
entregándome toda a su paso,
para dejarme en un regazo,
lleno de dudas y espinas.

CAFÉ AMIGO

Llego él y me propuso,
rendirte un homenaje,
y es por eso,
que hoy les traje,
este mi estudio concluso.

Digamos por curiosidad,
que en todas partes te quieren,
aun quienes buscan soledad,
compañía contigo ya tienen.

Y llego justo a la cita,
de mi amigo,
el confidente,
me arrastras al vicio y ardiente,
resulta una hora bendita.

Junto a tí,
disfruto mis triunfos,
junto a tí,
disfruto de amores,
eres testigo de mis disgustos,
compartes conmigo dolores.

Hoy,
como tantos días de tertulia,
me siento a que pase la lluvia,
y calientes a mi musa sin malicias,
para que baje con delicias,
que provoquen a mi ingenio el creador.

Así,
mi puño hacedor,
se entretiene enlazando ideas,
anudándolas allí,
dónde la música cosquillea.

Y entre tu aroma,
y las confesiones,
quedan las más bellas obras escritas,
benditos sean tus ritos,
para el deleite de los lectores.

Ya no sé, si es manía,
que compartan todos contigo,
de tí me despido,
Café,
Amigo,
hasta mañana, al medio día.

YO NO HAGO MILAGROS

No me pidas que te deje de amar,
porque yo no hago milagros,
difícil se me haría soltar,
los amarres que me hicieron tus besos.

Y es éste fantasma maldito,
que no nos deja seguir,
tu ausencia me deja en un grito,
¿Me vas a dejar morir?

Regresa que el dolor tortura,
a mi bendita inocencia,
me sigue doliendo tu ausencia,
y no lo puedo permitir,
regresa y aléjate de la duda,
¿Me vas a dejar morir?

Suelta ese fantasma loco,
que atormenta tu tranquilidad,
sin tí no puedo sentir,
para tí pretendo vivir,
porque mi sublime realidad,
es que te llevo clavado muy dentro.

No me pidas que te deje de amar,
porque yo no hago milagros.

Imposible desclavarme,
la esencia que me mantiene,
pura mi alma y mi carne,
a tí completa se entrega,
la inseguridad te ciega,
y podría yo desangrarme.

No lo pienses más...¿Y QUÉ?
¿ME VAS A DEJAR MORIR?

POR FÍN SOLOS

Abatido por la pena,
busco con quien conversar,
por más que no quiera pensar,
tu ausencia me envuelve y me lleva.

Aquí estoy mi reina contigo,
ya llegué y a tus pies me arrodillo,
tú me esperas y yo soporto el castigo,
tu callada y yo hablarte consigo.

Como los meses en cadena,
en tu tiempo encerrado quedé,
hoy te traigo una hermosa azucena,
adorno tu lapida,.. ni una hierba dejé.

Está cayendo la tarde aquí afuera,
y el frío está calando mis huesos,
me haces falta ya sabes.. tus besos,
por fin hoy solos mi dolor se queja.

Todavía alguien me dice,
que yo nunca me enamoré;
pero tu bien sabes que en tí yo encontré,
no sé qué cosa, que nunca expliqué.

¿Recuerdas aquella vez,
en que me buscabas nerviosa?
Y yo comprando una rosa,
sonreí al verte la tez,
te dije: - Tranquila, no ves,
que para tí es esta flor prodigiosa.

No te preocupes mi reina,
arrecia el frío; pero aquí sigo,
sin tí no existo,
sin tí no siento, no soy,
a nadie importa si voy,
de no ser tú, nadie me espera.

Sigue soñando mi amor,
que aquí yo cuido tus delirios,

Ya yo ni siento el dolor,
solo veo que nos tiran Lirios.

UN BUEN AMIGO

Mantener un buen amigo,
es la fortuna del pobre,
y al rico,
aunque el dinero le sobre,
pobre es,
si no lo mantiene consigo.

Aquí desenmascaro a un ladino,
que tuvo una necesidad,
y con tremenda habilidad,
le comento a su vecino,
quien sin tener necesidad,
le dio su mano,
le dio su abrigo.

Al fin que todo quedo resuelto,
viene pensando consigo,
satisfecho,
complacido,
hacia su casa devuelto.

Y pasó el tiempo y pasó.

Cuando un día agrumado,
me dijo el vecino desconcertado:

-Que tristeza al mirar,
quíen me pasó por el lado,
¡Ni un saludo!
Se esforzó en demostrar
no lo vas a creer;
pero fué aquel.

No lo dejé ni terminar,
y dándole palmadas en su espalda:

Rápido le consolé:
-Oye déjalo correr,
y que no te aflija el desengaño,
un buen amigo perder,
es un error,
que no tiene tamaño.

Pero al leer este poema,
un mal agradecido dirá:
-¡Claro que no tiene tamaño!
Porque chiquito lo verá.

Y es que no tienen capacidad,
de llevar amor en su mano,
solo el dinero es su hermano,
vaya que triste realidad.

Por ellos pedir piedad,
hoy nos toca con grandeza,
porque la falta de humildad,
los hace pobres por naturaleza.

Que no te pese lo que diste,
pues el que dá,
siempre recibe,
no muy lejos irán delante,
pues la maldad los persigue.

Palabras de un agradecido:

A mí me pasó algo parecido;
pero nada que ver...
orgulloso estoy de tener,
a mi lado,
un buen amigo.

EN MAYO

Dicen que allá en el callejón,
justo cuando cae la tarde,
trina el sinsonte cobarde,
y no se asoma ni un gorrión.

El tiempo se siente y no pasa,
caen las hojas sin rumbo,
no se oye el reloj más oriundo,
triste la brisa se para.

También dicen que el ruído de la cañada,
trae una voz que encanta,
saltan los peces de Irlanda,
con rayas negras y de plata.

Reina un silencio profundo,
no se siente una pisada,
mas el que pasa no daba,
ni un misterioso saludo.

En fin que un día predijo,
la mayor bruja del pueblo,
-Allí hubo una tragedia,
y hay una joven vagando,
yo la veo y está esperando,
quien la devuelva a la vida,
fué una venenosa mordida,
la que dejó sus labios sangrando,
también veo que está llegando,
el fin de su martirio.

Llego Mayo y vienen volando,
cien gorriones a la orilla,
la cascada hoy mas brilla,
ya no está triste el Sinsonte.

Que pasara hoy en el callejón,
hay que ir a la cañada,
está sonando el reloj,
y paso la brisa animada.

A la orilla llorando,
ha llegado un forastero,
cuando de pronto un reflejo,
de luz radiante lo invade,
impresionado y perplejo,
coge agua del arroyuelo,
buscando loco consuelo,
enjuaga su rostro muy suave.

Se adentra un poco en el agua,
y aun sin comprender…

-Que hermosa mujer,
Y que finas sus enaguas,
¿Por qué lloras?…,¿Por qué?
Si te sobran los encantos,
pregunta el joven entre tantos,
parpadeos sin comprender.

-Lloro porque mi alma dejé,
en labios de un venenoso malandro,
que después de hacerme de él,
se fué y me dejo agonizando.

Se dá vuelta la mujer hermosa,
después de expresarle su pena,
saltan los peces de Irlanda,
canta la voz que se queja.

-¡Por favor espere!
Le extiende su mano el joven,
-¡Oh Dios mío! Dame los dones,
para regresarla conmigo,
ella sufre y soy testigo,
de lo que duele una traición,
a ellos usted déles perdón,
mas, a nosotros, otra oportunidad,
con un beso de verdad,
yo le curo el corazón.

Concluyendo aquel joven,
y sin ninguna explicación,
se alumbró el callejón,
y aquella hermosa Cañada,
sonó una hermosa tonada,
los peces contentos se ponen.

Y para más grande asombro,
de los que cuentan la historia,
dicen que el beso fue la gloria,
que revivió a la mujer,
y que en Mayo suelen tener,
algún que otro milagro.

CREE Y SERÁS

Creer en uno mismo,
es la fuerza que nos mueve,
cuidar lo que se quiere,
y agradecer lo recibido,
nos da más fuerza y sentido,
para enfrentar lo que no muere.

Te digo hoy que comprendo,
que es más fácil no hacer nada;
pero si sientes algo por dentro,
y no subes tu mirada,
cuando te enfrentes al espejo,
serás una imagen borrada.

Sé que la vida es compleja,
como el nacimiento de un niño,
tener duda en la mirada,
vivir sin sentir cariño,
caminar sin tener pisada,
oír que en un pueblo no llueve;
pero la vida sigue,
y el tiempo no se muere.

Huyéndole a la partida,
en su sombra me escondo,
no me voy de esta vida,
con promesas pendientes,
aunque contrarias vengan corrientes,
sobreviviré a las fuerzas del fondo.

Ver nacer un nuevo día,
respirar el rocío fresco del campo,
justificar un llanto,
por la más grande alegría,
después de encontrar la puerta
que tu sueño escondía;
es como robarle a la vida
los tesoros de su encanto,
y a la mismísima muerte diría,
una vez lograda mi historia,
cuando te canses de estar muerta,
tú también vas a querer estar viva.

"El que de osado no peque,
nunca vivió aunque naciere,
porque la vida sigue,
porque el tiempo no se muere."

EL TIEMPO SERÁ TESTIGO

Detrás de este cristal,
espero ver tu regreso,
se para en el mundo el progreso,
mi mañana se vuelve vital.

Un presente sin sentido,
merodea mi futuro;
pero yo te aseguro,
que siento caliente el latido.

Caprichosa fuerte y mortal,
una lluvia empaña tu brillo,
fué un rumor con estribillo,
corre suelto por el portal.

Cuidando yo mi cristal,
dejo abierto el pasillo,
seguro fue algún chiquillo,
que arrastraba su morral.

Despiadada adrenalina,
se empeña en sembrarme la duda,
duerme un bebé en su cuna,
la esperanza fortalece la vida,
no siempre una partida,
selló una cerradura.

Con paciencia desmedida,
busqué el paño más puro,
y con mi puño bien duro,
borré esa duda maldita.

Volvió a brillar mi cristal,
se alegra la tarde sombría,
el perfume del rosal,
invade la casa vacía.

Son cientos que pasan cerquita,
a diario conversando,
yo no importo de este lado,
solo me ve mi virgencita.

Pero el tiempo me golpea,
¡Despiadado!…Siento el castigo,
ya mis manos se ven fea,
tengo tu secreto escondido.

Y ese mañana bendito,
que espero con premura,
no existe criatura,
que pueda amarrarlo consigo;
pero el tiempo será testigo,
de ésta rabia con dulzura,
aun yo sin atadura,
espero morirme contigo.

DESNUDA TU CORAZÓN

Desnuda tu corazón,
y respira sin cobardía,
la verdad sin la razón,
atada siempre estaría.

La hermosa rebeldía,
que muestras ante mí,
no es lo que leo en tu mirada,
que suena fuerte y osada,
cuando me acerco hacia tí.

Desnuda tu corazón,
y respira sin cobardía,
mil miedos a montón,
en mi fuego calcinaría.

Alto será tu precio,
si cierras la puerta equivocada,
el sonido del silencio,
reinara en tu morada,
y podrías quedar marcada,
de una horrible cicatriz,
tu alma postrada e infeliz,
padeciendo de amargura,
por eso debes estar segura,
de lo que sientes con mi olor,
no tengas mas temor,
y suelta esa atadura.

Te florece la fortuna,
de vivir intensamente,
pide un justo perdón,
que yo sé que serás comprendida,
y atrévete sin medida,
a desnudar tu corazón.

TORPE

No sabes
amar,
lastiman
torpes palabras.

Turbia
corriente,
confunde
arrastrando colores.

Rosa
delicada,
quedó
mustia y morada.

Aprender
transformar
costumbres,
es de sabio.

Oído
sordo,
enfermo
el eco,
repite
y se cansa.

Pobre
ella,
viajo
montes
ciudades,
atajos.

Esfinge
azúl,
es
montana blanca.

Caminas
regresas
vas,
inmerecidos espacios.

Mueres,
pierdes,
caricias
atardeceres,
descontentos
fuegos,
congelados
hielos.

No sabes
amar,
violentar,
romper
calma,
vacío,
soledad,
espantas.

Pobre
ella,
no sé…
Viajo
yo,
montes
ciudades
atajos.

RECLAMO

Verdugo
de sangre,
fatídica suerte,
al supremo
reclamo.

Una imagen
cobarde,
calculable,
mienten,
envuelven.

Cincel
en mano,
como corcel
rompo,
el duro muro.

Mi verso,
verdad,
conjuro,
sonido
que taladra,
que quiebra,
la maldad,
seguro.

NECESITAMOS ECO

Estudios,
experimentos,
avances,
tectonologías,
comodidades.

Lujos,
nueva
vida,
menos
manufacturas.

DINERO,
ambiciones
leyes,
descontroles,
necesidades,
desamores.

Gran TESORO
ciegos
estamos,
planeta,
humanos,
y animales.

Unamos
fuerzas,
de aquí,
de allá.

Busquemos
sensibilidad,
conciencia
respeto,
igualdad
y perdones.

EL AMOR
es único
el amor es Paz.

Equilibra
y sana,
la humanidad
perdida.

Busquemos,
salvar,
los tesoros,
de la vida.
O NOS PERDEREMOS TODOS:

Planeta,
humanos,
y animales.

BIOGRAFÍA

Soy cubana, enfermera de profesión, graduada de mi país, actualmente residente de los Estados Unidos desde el 2004, donde he trabajado como Asistente de Enfermería. Siempre me gusto escribir. Tengo 50 años de edad, casada, desde 1982; tengo una hija y un nieto.